AF224572

ALLOCUTION

PRONONCÉE PAR

MGR L'ÉVÊQUE D'ANGERS

AU SERVICE FUNÈBRE

DU GÉNÉRAL DE LA MORICIÈRE

CÉLÉBRÉ

AU LOUROUX-BÉCONNAIS LE 6 NOVEMBRE 1865.

ANGERS,

E. BARASSÉ, IMP.-LIB. DE MGR L'ÉVÊQUE ET DU CLERGÉ
Rue Saint-Laud, 83.

1865.

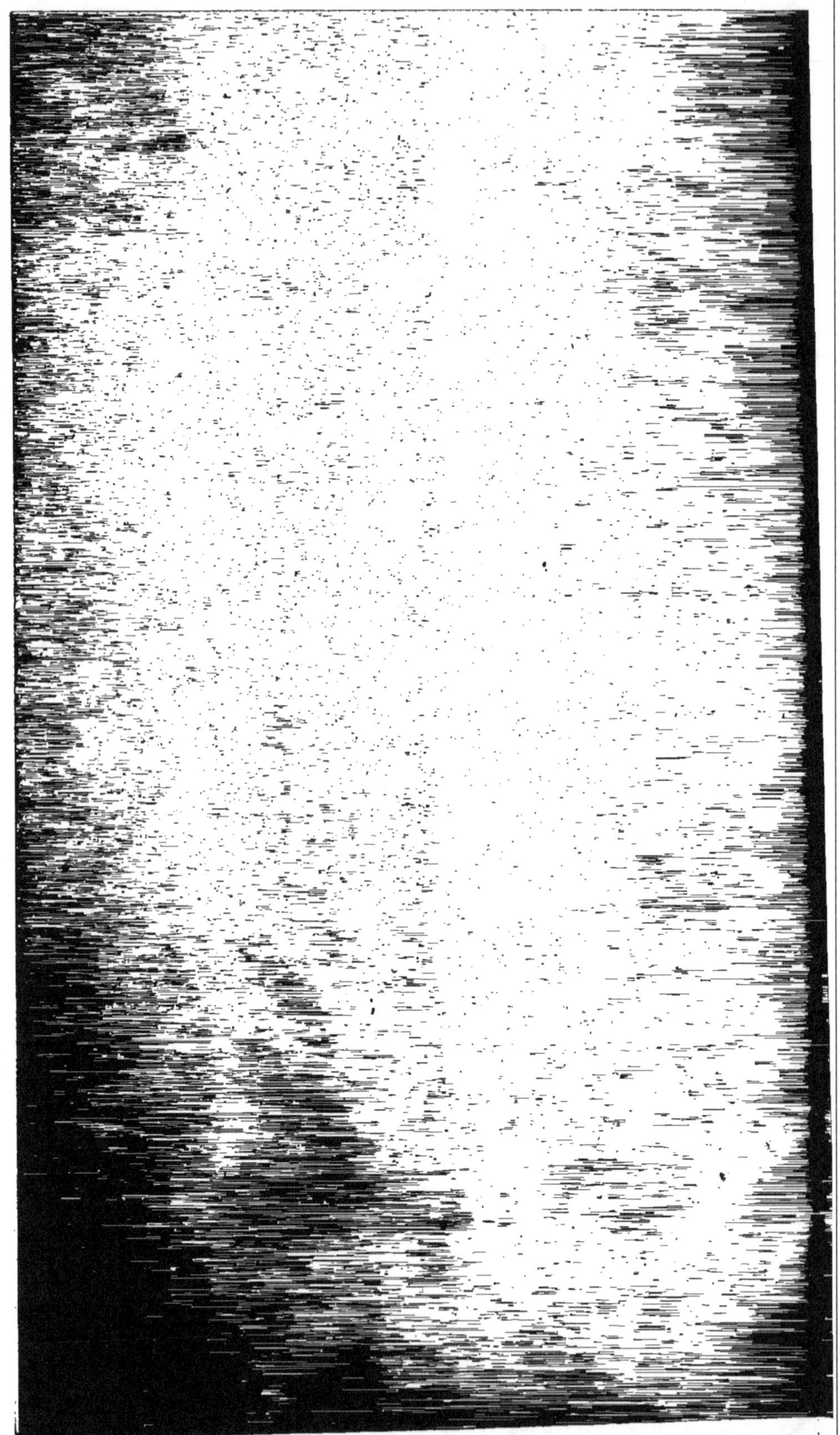

ALLOCUTION

PRONONCÉE PAR

MGR L'ÉVÊQUE D'ANGERS

AU SERVICE FUNÈBRE

DU GÉNÉRAL DE LA MORICIÈRE

CÉLÉBRÉ

AU LOUROUX-BÉCONNAIS LE 6 NOVEMBRE 1865.

Messeigneurs,

Messieurs,

Nos très chers frères,

Nous sommes ici en présence d'une grande
mémoire et d'une grande douleur. A l'une
nous devons notre admiration, à l'autre,
nos sympathies. Toutes deux commandent
le respect ; mais, en outre, et cette veuve
désolée sur laquelle maintenant doivent se con-
centrer tous nos sentiments d'intérêts, et
(qu'elle nous permette de le dire) d'affectueuse
paternité, oui à elle nous devons notre concours
sans hésitation, et notre empressement pour
remplir ses moindres désirs. Elle a parlé ; elle
a demandé, une prière de sa bouche est comme
un ordre pour nous, et, dans cette imposante
solennité, nous osons apparaître dans cette
chaire. Oh ! si, du moins, en répondant à son
appel, nous pouvions adoucir ses peines ! Mais,
il ne nous est pas donné de tarir la source de
ses larmes, la main seule de la religion peut les
essuyer, et nos prières unies à ses prières ob-
tiendront, nous l'espérons, que celui qui frappe
et qui guérit, laisse tomber de sa croix le bau-
me qui cicatrise les blessures.

Rassurez-vous donc, chère fille, voyez tous ces intercesseurs qui viennent prier pour vous et avec vous ; ces fidèles qui se pressent dans cette enceinte et autour de ces murs sacrés, ces prêtres vénérables accourus à notre appel, ces pontifes augustes, qui, au nom de l'Église, au nom du pontife suprême notre père bien aimé, prient pour celui qui a été son généreux défenseur. D'autres, célébrant ses exploits, déposeront sur sa tombe des couronnes de lauriers, nous, aujourd'hui nous venons lui présenter une couronne d'évêques, et si des obstacles insurmontables n'en retenaient beaucoup d'autres loin d'ici, ce sanctuaire ne suffirait pas pour les contenir. Messeigneurs, recevez l'expression de notre reconnaissance. Nous parlons ici en notre nom sans doute, mais aussi au nom de ce diocèse, au nom de cette paroisse et de son excellent curé, au nom surtout de cette digne famille, de ces enfants orphelins et de cette mère inconsolable.

Qu'attendez-vous de nous, Messeigneurs, et vous, nos bien chers frères ? Ce n'est pas sans doute de l'éloquence ; nous ne connaissons que celle du cœur et des larmes ; nous ne sommes point un orateur, et nous ne venons faire ici, ni un discours, ni une oraison funèbre; les échos ont apporté jusqu'à nous les magnifiques paroles qui ont célébré les talents et les vertus de notre illustre défunt, nous devons demeurer muet sous le poids de notre admiration. S'il avait été permis de raconter deux fois les triomphes de cette vie et de cette mort, une voix plus autorisée, toujours chère, toujours sympathique, aurait, en ce jour, captivé votre attention. Elle a cru devoir se taire; nous aurions dû l'imiter, et, à la vue de ce catafalque, répéter seulement ces paroles de nos saints livres : *tibi silentium laus*. Mais, nous l'avons dit, nous n'étions pas libre, et vous nous excuserez si, sur cette tombe si chère, nous laissons tomber quelques paroles comme des fleurs fanées.

En vous parlant du général Christophe-Louis-Léon de Lamoricière, nous ne voulons le considérer que sous le rapport religieux , et nous ne lui apporterons d'éloges que ceux que la religion nous mettra sur les lèvres. Au fait , Messieurs , devant un cercueil tout s'évanouit , et Dieu seul est grand. Voilà donc la seule victoire que nous aurons à célébrer en ce jour, celle de la foi : *Et hæc est victoria quæ vincit mundum, fides nostra.*

Le Général de Lamoricière naquit à Nantes le 5 février 1806.

On croyait, dans l'antiquité, Messieurs , que les destinées du monde étaient écrites dans les cieux , et au moment où un nouveau né apparaissait à la vie, on cherchait à lire dans les astres les présages qui devaient signaler son existence. Ce qui est plus certain , c'est que Dieu réserve dans les secrets de sa providence et en tire, au temps marqué, ceux qu'il a préparés pour faire son œuvre ; quelquefois même , par ses prophètes, il les a appelés par leur nom longtemps avant leur naissance.

Lamoricière venait de naître ; on félicitait ses bons parents ; on jouissait du présent , on formait des vœux pour l'avenir ; si l'on avait pu mesurer d'un regard l'horizon encore voilé , on se serait écrié comme autrefois : *Quis putas puer iste erit ?* Eh ! quel sera donc cet enfant ?

L'Eglise venait de lui ouvrir son sein ; il fallait lui nommer des patrons : on en choisit trois, dont les noms étaient comme des prédictions : *Christophe*, porte Christ , défenseur du Christ ; *Louis* , administrateur , guerrier , tenant l'épée d'une main ferme , et combattant vaillamment contre les ennemis de l'Eglise. Le dernier était un grand Pape, saint Léon, qui eut à soutenir des luttes terribles sous les murs de cette ville de Rome que lui-même Léon de Lamoricière devait être appelé à défendre aussi un jour.

Et comme si tout pouvait être regardé comme un symbole, l'écusson lui-même de la famille devait tracer un jour à ce rejeton le chemin de la foi et de l'honneur. Lisez, Messieurs, lisez sur ce catalfaque cette noble devise : *Spes mea Deus*, mon espoir est en Dieu. Noble cri de guerre, qui sera bien justifié. Oui, cher enfant, Dieu sera ton espérance, ta force, il te guidera au milieu des périls : *Spes mea Deus !* Sur ce blason nous voyons encore les coquilles du pèlerin ; ô mon fils, c'est que la vie est un pèlerinage ; heureux si, au milieu de ses écueils et de ses précipices, tu portes toujours *haut* et *droit* ta bannière.

Mais à ce blason une chose manque, Messieurs, c'est un croix. La croix, elle est bien placée partout, elle domine les tourelles du château, elle est tracée sur la porte de la chaumière, elle est placée sur la poitrine des braves comme le signe de l'honneur ; cet enfant, un jour, en saura conquérir une ; elle sera renversée comme celle à laquelle fut attaché le prince des Apôtres, et elle s'appellera la croix de Castelfidardo (1).

Croissez maintenant, enfant béni du ciel, croissez pour la famille, pour la patrie, pour l'Eglise ; ô ma chère Bretagne, le voilà ton fils nouveau né ; veille auprès de cet autre Duguesclin. O France, ma patrie bien aimée, berce celui qui grandira pour te défendre, et vous, saints Anges, gardez-le bien, couvrez-le de vos ailes, il sera lui-même un jour, comme cet ange ou comme ces deux Apôtres, qui, suivant une ancienne tradition, protégèrent le grand Pape saint Léon, son patron, contre la fureur d'Attila et des barbares. Heureux, lui même, s'il pouvait les rejeter aux pieds de leurs monts ; ainsi le roi des Huns fut-il forcé de rentrer dans les plaines sauvages qui avaient vomi ses hordes féroces. Hélas ! non, Messieurs, c'est qu'il peut y avoir des barrières contre la barbarie, mais il n'y en a guère contre la civilisation dégénérée qui a pour satellites l'impiété et la corruption des mœurs.

---

(1) L'Apôtre saint Pierre fut crucifié la tête en bas sur le mont *Citorio* ; la croix donnée aux zouaves est renversée comme celle de l'Apôtre.

Après les premières années passées dans la maison paternelle, le jeune Lamoricière dût être placé dans les colléges pour son éducation, et alors pour lui commencèrent les luttes de l'esprit et les joutes littéraires. Il est facile de comprendre avec quelle ardeur il se lança dans la carrière, il y courait comme plus tard à l'assaut. Mais nous avons ici un témoin de ses succès. Il avait en effet pour professeur de philosophie un saint prêtre qui alors lui ouvrait les trésors de la véritable sagesse. Depuis, fuyant le tourbillon du monde, ce prêtre est allé, comme aux temps anciens, se cacher dans la solitude du désert ; c'est le vénérable et révérend père abbé de la Trappe de Bellefontaine : si sa modestie, encore plus que son âge et ses infirmités, n'y avait mis un obstacle que nous ne pouvions pas nous flatter de vaincre, c'eût été à lui, bien mieux qu'à nous, de vous parler de son élève. Il a bien voulu quitter sa solitude, pour apparaître dans ces lieux, comme Antoine autrefois quittait son désert pour descendre dans Alexandrie. Oh ! ce serait à lui à nous dire quelle était la vivacité, l'ardeur du jeune Léon pour l'étude ; quelles les lumières de son intelligence, quelle la rapidité de son coup d'œil pour sonder les mystères de la science et comment il se préparait par de fortes études à entrer dans cette école polytechnique qui ouvre la porte aux grandes et nobles professions.

Le vénérable père, après quarante ans d'intervalle, se souvient encore de ces heureuses dispositions de son élève ; qu'il veuille bien nous pardonner si nous sommes indiscret, mais dans une lettre toute récente (du 24 octobre dernier), il nous disait que le jeune Lamoricière était, « sans contredit, un des meilleurs
» élèves de sa classe, sous le rapport de la con-
» duite, du travail et des talents... Mais, ajoute
» cette lettre, ce qui le distinguait pardessus
» tout, c'était spécialement une aimable sim-
» plicité, une modestie et une douceur char-
» mantes. » Nous citons, et pourquoi, malgré la
» présence du vénérable et saint abbé, ne

terminerions-nous pas notre citation ! elle fi-
nit par un acte de modestie. « Toutes ces qua-
» lités, continue-t-elle, étaient bien précieuses
» sans doute, mais il aurait fallu une perspica-
» cité plus grande que la mienne pour décou-
» vrir l'avenir et tout ce que la divine provi-
» dence avait renfermé de noble, de bon, de
» vraiment grand dans cette belle âme. »

Le général, malgré la distance du temps et le
tumulte de sa vie si agitée, n'avait oublié ni les
leçons ni les vertus de son professeur. Il y a
quelques années, le vénérable et révérend père
vint visiter au Chillon son ancien élève; le général l'embrassa avec effusion de cœur, en lui
exprimant toute sa reconnaissance; il l'entoura
d'honneurs autant qu'il le pouvait, et pendant
plusieurs heures il s'entretint avec lui des ques-
tions les plus graves concernant la religion et
l'Eglise. (Note de M. Brouilhet, curé du Loroux.)

M. de Lamoricière avait conservé les mêmes
sentiments d'estime et d'affection pour son répétiteur, homme que distinguaient et ses talents et sa piété. Ce fut auprès de tels maîtres
qu'il puisa ces sentiments de foi et de respect
pour la religion qui ne l'ont jamais abandonné,
même lorsque la dissipation des camps lui en
avait fait oublier les pratiques.

C'est après être sorti de l'école polytechnique
et de celle d'application, qu'il s'élança pour vo-
ler sur cette terre d'Afrique où il a passé une
grande partie de sa vie et qui a été le témoin de
ses exploits.

N'attendez pas de nous, Messieurs, que nous
le suivions sur ce terrain. Fidèle à notre pro-
gramme, nous ne voulons célébrer en ce jour
que les victoires de la foi : *hæc est victoria, quæ
vincit mundum fides nostra*. Nous n'entre-
prendrons point de peindre la bouillante ardeur
du soldat, la vigilance du capitaine, les hautes
vues du général sur les champs de bataille, son
audace, son entraînement irrésistible; pour raconter de tels faits et peindre les héros dans les
plaines de Rocroy, ou sur les murs de Constan-

tine, il faut la plume d'un Bossuet, ou d'un Dupanloup. Nous n'avons point une telle témérité, mais nous saurons lui tenir compte des efforts qu'il a faits, des nobles paroles qu'il a prononcées pour civiliser l'Algérie, et sur cet'e terre si longtemps chrétienne et devenue infidèle pour replanter de nouveau la croix, oui la croix qui s'unit si bien à la bravoure, et qu'il devait, en face de la mort, serrer si fortement sur sa vaillante poitrine. Nous nous associons donc de tout cœur aux éloquentes et si chaudes paroles de Mgr d'Orléans, pour apprécier les services rendus en Algérie à l'Eglise et à la civilisation par notre illustre défunt.

Certes, nous aurions bien à payer un autre tribut à sa valeur, au nom de la France, au nom de la société ébranlée sur ses bases, si nous le suivions dans ces luttes fratricides qui ont ensanglanté, qui ont étonné cette capitale si habituée pourtant aux révolutions. Puisse le nom du Pontife martyr expirant sur des monceaux de pavés et de cadavres être enfin exaucé par le Dieu des miséricordes! puisse le sang de ceite noble victoire être le dernier versé sur cette terre qui dévore ses habitants ! Oh ! nous avons bien vu assez d'autels profanés, assez de sceptres brisés, de trônes renversés ! mon Dieu, sauvez cette France, fille aînée de votre Eglise, et qui marche à la tête des peuples pour les conduire à la foi, ou à l'anarchie ! vous qui enchaînez les vents et calmez les tempêtes, mettez un frein à la fureur des flots et aux complots des méchants. Des bruits sourds se font entendre, la terre tremble encore sous nos pas, et nous entendons mugir les vagues : divin pilote, sortez de votre sommeil, la barque de Pierre est agitée par les vents déchaînés, la foudre menace la frêle nacelle, parlez, Maître, commandez, sauvez votre peuple, *parce, Domine, parce populo tuo*, et ne permettez pas le triomphe de l'impiété. Mais tirons le voile sur toutes ces scènes du passé, du présent et peut-être de l'avenir, prenons confiance dans la bonne Providence entre les bras de laquelle se jette avec tant d'abandon notre très saint et bien aimé Père : remercions, du fond du cœur, tous ceux qui ont contribué à fermer les abîmes et à enchaîner l'anarchie, rendons hommage surtout à l'intrépidité, au sang-froid, au courage calme ou fougueux du général de Lamoricière.

Il avait remis dans le fourreau sa vaillante épée, il pouvait se reposer dans son triomphe ; mais, d'autres épreuves lui étaient réservées ; sur ce terrain de la politique, nous ne poserons point un pied imprudent, nous n'avons point à sonder, pas plus qu'à révéler ses secrets, mais un autre horizon s'ouvre devant nous, voici, suivant l'expression de nos saints livres, *une terre nouvelle et des cieux nouveaux*. Il faut pour notre général d'autres combats et d'autres victoires, et voici venir la victoire de la foi : *Hæc est victoria quæ vincit mundum fides nostra.* Elle peut bien s'élever au-dessus de celles des combats et des champs de bataille, et la palme qu'elle réserve au vainqueur vaut mieux que celles qui sont tachées de sang et de poussière.

Lamoricière arrivé au faîte des honneurs, en est tout à coup précipité. Quelle chute soudaine ! Ne craignez rien, Messieurs. Nous ne voulons point voir ici la main des hommes, nous n'y voyons que *le doigt de Dieu*, qui prend par la main son fils bien cher pour le conduire dans la solitude. A lui aussi il dit : Venez à l'écart. *Venite seorsum ;* venez vous reposer un peu : *Requiesce pusillùm ;* oui, un peu, car le repos de la terre ne peut être que pour un peu de temps, *pusillùm*. Venez, oh ! vous en avez bien besoin, après tant d'agitation. Venez avec moi, mon fils, pour entendre les leçons de la sagesse. A vous qui ne craignez rien, j'apprendrai la crainte du Seigneur, *Timorem Domini docebo vos*, et le lion prend la route du désert. Chère compagne de son exil, témoin de ses vicissitudes, de ses douleurs en quittant cette France chérie pour laquelle il avait versé son sang, en brisant les liens si doux de l'amitié et de la famille, ce serait à vous à nous raconter ses plaintes et les émotions de son cœur ulcéré; ce serait à vous à nous dire comment votre main si douce, votre cœur si aimant a calmé cette irritation. Ah ! vous aussi, vous avez remporté la victoire sur celui que la force n'avait jamais pu vaincre, et cette victoire, c'est celle de votre foi, *et hæc est victoria quæ vincit mundum fides nostra.*

Oui, Messieurs, pour arriver à une âme, la grâce a des chemins qu'elle seule connaît ; ce que nous savons seulement, c'est que la voix de Dieu qui surpasse nos prévisions, nos calculs, à nous, pauvres hommes, la voix de Dieu, pour se faire entendre, a besoin de calme, elle craint la commotion ; *non in commotione Dominus.* Général, il se faisait trop de bruit autour de vous : le bruit du canon des batailles, de celui même qui annonçait les victoires ; le bruit de la tribune, le bruit des louanges ou des contradictions humaines ; il faut vous soustraire à tous ces bruits, ouvrez votre oreille à une autre voix : *inclina aurem tuam mihi.* (Ps. 16-6.) C'est dans la solitude que j'aime à parler à une âme. *Ducam eam in solitudinem et ibi loquar ad cor ejus.*

Et ce cœur, ô mon Dieu, oui il vous écoutera. *Loquere, Domine, quia audit servus tuus.*

Cette voix de Dieu, elle avait été étouffée au milieu de la vie tumultueuse des camps, mais non repoussée par l'indifférence, ou par le défaut de foi. La solide éducation reçue dans sa jeunesse, les bons conseils et les exemples du pieux répétiteur qui l'avait guidé, comme nous l'avons dit, étaient une semence au fond de ce cœur généreux. Le bon grain germe, même sous la couche des frimas, pour porter la moisson dans son temps, et nous savons comment, dans sa province d'Oran il servait les intérêts religieux, il encourageait les ecclésiastiques, et en particulier M. le curé d'Oran. Des notes précieuses nous ont appris qu'il avait avec lui les relations les plus fréquentes et les plus affectueuses, et, bien qu'alors il négligeât la pratique des devoirs du chrétien, il portait au progrès du catholicisme le plus grand intérêt, il encourageait son curé dans cette mission laborieuse, il entourait d'éclat les cérémonies de l'Eglise, et, à la Fête-Dieu, il faisait rendre au Saint-Sacrement tous les honneurs militaires.

En 1848, pendant l'hiver, il fit beausoup de tentatives pour déterminer, à Paris, un certain nombre d'ecclésiastiques à aller au secours de l'Algérie qui manquait de prêtres.

Au mois d'avril 1851, il accourait de Paris au Loroux, comme l'a dit Mgr d'Orléans, pour aider le curé à préparer à la mort son oncle dangereusement malade. Dans le courant de cette même année, il s'occupait de la reconstruction de cette belle église paroissiale, et contribuait puissamment avec un autre propriétaire, dont le ncm est ici dans toutes les bouches, à créer pour cette importante paroisse une école dirigée par des sœurs. Ainsi, déjà la grâce préparait ce cœur et *rendait droits ses sentiers.*

L'exil fut encore une grâce pour lui. Ne vous étonnez pas de ce mot, N. T. C. F. Ici, c'est la foi qui tient le flambeau, et non la raison humaine. Le Dieu qui a souffert, aime à consoler ceux qui souffrent, il s'approche d'eux avec bonté: *In die tribulationis commemorabitur tui* (Eccl. c. 3, v. 17), il parla au cœur de l'exilé, et cette âme active, ardente, qui voulait se rendre compte de tout, se prit à étudier la grande question religieuse. C'était pour lui comme un de ces problèmes dont il cherchait autrefois la solution à l'école, et Mgr d'Orléans ne nous a-t-il pas révélé qu'en suivant sur une carte de Crimée la marche des armées, il avait placé pour l'appuyer, le catéchisme, l'Imitation et un ouvrage de philosophie. Pour l'aider dans ses recherches, Dieu lui envoya son ange, et cet ange ce fut le vénérable, l'excellent P. Deschamps, celui-là même qui vient d'être élevé sur le siége de Namur, et qui, à Frascati, vient de rendre un si éclatant hommage au général en présence de ses zouaves et des troupes pontificales. Pendant l'hiver et le carême de l'année 1855, il allait, trois fois par semaine, passer ses soirées chez le P. Deschamps, questionnant, discutant, puis acceptant les leçons du pieux religieux. Ainsi, pendant ce temps, que l'Eglise appelle un temps favorable, *tempus acceptabile*, se préparait-il à la grande solennité pascale, et, à la fin du carême, il vint s'asseoir avec un indicible bonheur, et les yeux mouillés de larmes, à la table sainte pour y recevoir le pain des anges.

Depuis cette époque, la foi réchauffait, brûlait ce cœur qui venait de retrouver celui qui seul pouvait en remplir la capacité.

Il fallait un aliment à son activité ; elle le poussait vers les bonnes œuvres ; de Bruxelles même, il ne cessait d'écrire pour en presser le développement : « Je vois que l'œuvre des » sœurs, écrivait-il au curé du Loroux, n'a pas » fait de progrès depuis la fondation, est-ce » que vous ignorez que tout ce qui n'avance » pas recule? »

L'œuvre de la construction de l'église était aussi l'objet de ses constantes sollicitudes. « Le » monde est ainsi fait, écrivait-il encore à son » curé, qu'on ne peut y accomplir le bien sans » luttes, sans difficultés et sans traverses. Ce » n'est pas une raison pour ne pas faire ce » qu'on doit, sans s'inquiéter de savoir si la ré- » compense nous sera donnée dans ce monde » ou dans l'autre... Je finis en vous priant de » croire que, dans cette circonstance, notre » concours ne vous fera pas défaut. »

Telles étaient ses sollicitudes, ses préoccupations ; ainsi charmait-il les ennuis de son exil. Mais vous le savez, N. T. C. F., c'est dans le creuset des tribulations que l'or doit être purifié. Pour élever cette âme généreuse, il fallait une dernière épreuve, elle lui fut envoyée. Dieu lui demanda le sacrifice de tout ce qu'il avait de plus cher au monde, de son fils unique comme d'un autre Isaac. Ce fut en 1857 ; il n'eut pas la consolation de recueillir son dernier soupir ; mais, déposant au pied de la croix cette grande douleur, il écrivait à sa femme si digne de lui : « Nous devons aimer nos enfants pour eux- » mêmes et pour leur bonheur. Après tout,

» Michel sera plus heureux dans le ciel qu'avec
» nous : Dieu nous l'avait donné, Dieu nous l'a
» ôté, que son saint nom soit béni , que sa vo-
» lonté s'accomplisse... » Ainsi pensent et par-
lent tous les saints.

Tant de résignation méritait une récompense,
elle ne lui fut pas refusée.

La grande âme de Pie IX priait Dieu de
venir en aide à son Eglise et de la soutenir
contre des fils ingrats ; une inspiration d'en
haut éclaire le Vicaire de J.-C. : il jette un coup
d'œil sur le monde pour y découvrir celui qui
pourrait protéger l'arche sainte et le trône de
Pierre ; ses regards s'arrêtent sur notre France,
puis ils se fixent sur le héros chrétien qui,
en effet, était digne d'un tel honneur. Un envoyé
est chargé du message, comme à un autre
Gédéon. Un jour autrefois l'ange du Seigneur
apparut à Gédéon : *Apparuit ei Angelus Domini* et il lui dit : Salut à vous, ô le plus brave
des hommes ; le Seigneur est avec vous, *et
ait* : *Dominus tecum, virorum fortissime,* —
mais, Seigneur, si vous êtes avec nous, pourquoi
donc tant de maux ? Pourquoi l'iniquité triom-
phe-t-elle ? *Dixitque ei Gedeon, obsecro, mi Domine, si Dominus nobiscum est cur apprehende-
runt nos hæc omnia ?* et le Seigneur lui répondit : Allez avec votre générosité et votre courage, sachez que c'est moi qui vous envoie. *Vade
in hâc fortitudine tuâ, scito quòd miserim te.*
Gédéon ne fait plus d'objections ; le Seigneur
le revêtit, ou, comme dit le texte, l'enveloppa
de son esprit, *induit.* Il se lève ; il sonne de la
trompette, il appelle près de lui des hommes
de cœur et de bonne volonté, et il se dévoue
pour la défense d'Israël. « *Spiritus Domini induit
Gedeon, qui clangens buccinâ convocavit domum.
Abiezer utsequeretur se.... misitque nuncios ad
eos qui occurrerunt ei.* »

Voilà encore la voix de Dieu, et vous savez,
N. T. C. F., comment le général Lamoricière
y répondit.

Un prêtre zélé, comme autrefois l'ange du
Seigneur, vint se présenter à lui et lui apporta

le message de Pie IX. C'était en 1860. Le général était alors à Prouzel, souffrant de la goutte et des rhumatismes gagnés en Algérie, couché dans ce même lit où cinq ans et demi plus tard la mort devait venir le frapper. Après quelques moments de réflexions, Lamoricière accepte la proposition : une communication est faite à Madame, et la résolution de partir irrévocablement arrêtée. Comme toujours, la question personnelle fut entièrement écartée. Le généreux guerrier ne considéra que l'appel d'en haut, une grande œuvre à faire, montrer aux gouvernements, qui souffraient en silence que le Père commun fût opprimé par la violence, qu'il y avait encore des hommes de cœur qui se lèveraient pour sa défense.

Vingt-quatre heures après, le général faisait part à un ami intime de sa résolution. Celui-ci effrayé lui représenta tous les périls de l'entreprise. « Je sais tout cela, lui répondit-il, mais » quand le chef de l'Eglise appelle un de ses » enfants pour le défendre, il n'est pas possible » d'hésiter un instant. J'irai donc à Rome, je » défendrai le Pape, puisque personne ne veut » le défendre. J'y mourrai, s'il le faut. » Quelques semaines après il partait par la Belgique et l'Allemagne, seul avec Mgr de Mérode : il arrivait à Trieste et à Ancône, déjouant la surveillance ennemie, et il déposait aux pieds du Saint-Père son épée, sa vaillance et sa foi.

Aussitôt il se mit à l'œuvre , *et clangens buccinâ convocavit... eos qui occurrerunt ei.* A son appel, des volontaires fidèles vinrent se ranger autour du trône pontifical. Il les enflamma de son ardeur, il leur donna ce costume qui lui rappelait sa vieille gloire, et il put assurer le Père bien-aimé que ces enfants bénis par lui sauraient comprimer à l'intérieur les machinations des méchants et le défendre contre leurs complots.

Vous savez s'ils furent fidèles jusqu'à la mort; mais, vous savez aussi les intrigues, les mensonges, l'envahissement, en pleine paix, à main armée , avec des forces vingt fois supé-

rieures, des Etats pontificaux, le guet-à-pens
de Castelfidardo, il faut bien l'appeler ainsi,
puisque c'est le nom qu'on lui donne; le bom-
bardement d'Ancône, douze heures encore après
la capitulation ; ne nous demandez pas d'autres
détails, il n'est plus pour vous en donner, celui qui, après le désastre, accourait à Ancône
pour la défendre jusqu'à la dernière heure ;
mais, à son défaut, vous pourriez interroger
cet autre chevalier sans peur et sans reproches,
que nous voyons là dans vos rangs, qui, malgré
le poids des années voulut partager les solllici-
tudes de son général. C'est à sa véracité si con-
nue comme à sa foi si ardente à raconter les exploits de cette glorieuse défaite. L'histoire n'aura
pas assez d'anathêmes pour flétrir de telles tra-
hisons, de telles lâchetés. Vous les connaissez,
mais ce que vous ne connaissez peut-être pas et
ce que nous tenons d'un confident fidèle ,
c'est que le général de Lamoricière n'avait été
nullement découragé, ni abattu par ses revers,
et que malgré les circonstances actuelles, ou
plutôt peut être pour cela même, il était toujours prêt à retourner, au premier signal du
Saint-Père, et à reprendre la mission qui lui
avait été confiée.

Dieu s'est contenté de sa bonne volonté. Il se
reposait de ses fatigues, dans cette terre du
Chillon, où il avait passé sa jeunesse et qu'il
aimait de prédilection. Le 26 juillet, au jour de
sainte Anne, à laquelle, comme un fidèle bre-
ton, il était particulièrement dévot, il vint faire
la sainte communion pour la dernière fois, ici,
à cette place, dans cette église du Louroux : il
pria longtemps et avec une piété plus vive que
jamais, puis il rentra au Chillon pour faire ses
adieux à son épouse bien-aimée et à ses enfants
qu'il ne devait plus revoir. Madame partait
pour les Pyrénées, le général pour sa terre de
Prouzel, et le 10 septembre, après avoir suivi
les exercices de la fête de l'Adoration, assisté au
salut, conversé pendant la soirée avec le digne
curé, il se retira sur les dix heures, se fit ap-
porter l'histoire ecclésiastique de l'abbé Darras,

ses livres de prières et renvoya son valet de chambre. Mais, à deux heures, il sonne vivement, on accourt, il poussait des gémissements douloureux ; on veut lui donner des secours : courez chercher M. le curé! courez vite! Le valet de chambre s'empresse d'obéir ; il revient. Je me meurs, lui dit le général qui marchait dans sa chambre, les mains croisées sur sa poitrine, en serrant fortement son crucifix sur son cœur. Le bon curé lui donne les derniers secours de son ministère, il aide son fidèle serviteur à le placer dans un fauteuil, et là, M. de Lamoricière expire entre leurs bras.

Vous connaissiez ces détails, mais on ne saurait trop les répéter pour la gloire de Dieu qui triomphe dans ses élus, pour l'édification des fidèles, qui, dans ces grandes vies, doivent trouver des modèles et des instructions. Oui, N. T. C. F., ces enseignements ne doivent pas être stériles. Venez, dans cette chambre, voir le héros luttant avec la mort sur ce dernier champ de bataille. Considérez sa foi qui a vaincu le monde ; après cette victoire, son énergie sur lui-même, sur le respect humain, sur la fausse gloire, sur les épreuves douloureuses de ses dernières années. Venez, voyez et prenez de généreuses résolutions.

Ainsi s'est terminée cette noble existence, cette vie consacrée par le dévouement, toujours fidèle à l'honneur et à la vaillance, fidèle surtout aux serments sacrés faits aux pieds du vieillard vénérable, du Pontife-Roi qu'il avait juré de défendre. Bon et très Saint-Père, cette mort est venue ajouter à toutes vos douleurs de nouvelles angoisses, vous l'avez pleuré comme on pleure un fils, un ami, un défenseur. Nous nous associons à vos regrets, et près de cette tombe, nous nous écrions, comme à la mort d'un autre héros : Comment est mort cet homme puissant qui sauvait le peuple d'Israël ! *Quomodo cecidit potens qui salvum faciebat populum Israël!* (1 Mac, c. 9, 21).

Mais, ô Père bien-aimé, oui, nous le promettons ici, en présence de ces Pontifes vénérés,

qui partagent nos sentiments, de ce clergé si
dévoué, de tout le peuple pressé dans ce tem-
ple; devant ces autels, nous étendons la main,
comme le guerrier, son compagnon d'armes,
en présence de ses restes inanimés, au jour de
ses obsèques. Oui, nous jurons d'être toujours
les enfants dociles de l'Eglise catholique, apos-
tolique et romaine, de son Pontife auguste,
pour lequel, comme notre illustre défunt, nous
sacrifierions nos vies. Lamoricière!! croyez-le
bien, ce serment, c'est à la vie et à la mort.
Voilà nos témoins; cet autel, voilà notre garant,
saints anges qui l'entourez, inscrivez-le dans le
livre de vie. — Ainsi soit-il.

Angers, imp. E. Barassé.

www.ingramcontent.com/pod-product-compliance
Lightning Source LLC
Chambersburg PA
CBHW061612050726
47595CB00007B/2923